Lutz Schäfer

Gitarrenstunde

Gitarrenschule für 6- bis 11-Jährige

Mit Noten und Tabulatur

Gruppen- & Einzelunterricht

Danksagung

Vielen Dank an meine Familie!

Ein ganz großer Dank geht an meine Tochter Isabel Schäfer, für den Notensatz, die Illustrationen und das Layout. Toll, dass du mich so unterstützt hast!
Ein großes Dankeschön an meine liebe Frau Thekla.
Ich danke dir für dein Management, deine Ideen und den unermüdlichen Einsatz mich zu motivieren.
Vielen Dank an Malte Schwenker für die Produktion der CD.

Lutz Schäfer

IMPRESSUM

1. Auflage 2021
© 2021 Lutz Schäfer / LuGiMu-Production
Alle Rechte vorbehalten / All rights reserved

Notensatz, Layout: Isabel Chiara Schäfer
Cover, Illustrationen: Isabel Chiara Schäfer
CD Produktion: Malte Schwenker

ISBN 9-783981-749533

Das Fotokopieren ist grundsätzlich verboten!

Gitarrenmusik für den Schulbeginn

Liebe Gitarrenlehrerin, liebe Gitarrenlehrer,

Die vorliegende Gitarrenschule enthält neues Unterrichtsmaterial, das in der Musikschulpraxis der vergangenen Jahre entstanden ist.
Dieses Werk bietet eine neue Erfahrung für Instrumentalpädagog*innen.
Ich persönlich arbeite seit Jahren nur noch mit meinem Material und freue mich immer wieder darüber, dass die strahlenden Kinder das Gitarrenspiel erlernen und dazu singen.

- Zielgruppe: Kinder im Alter von 6 bis 11 Jahren
- Großgruppenunterricht (bis zu 10 Kindern), Kleingruppen, Einzelunterricht
- Viele neue Lieder und Instrumentalstücke
- Tabulatur zum schnellen Erlernen mit dazugehörigen Noten
- Bekannte Melodien
- Großes Notenbild
- Lehrerstimmen nach Akkordsymbolen (Leadsheet)

Besonders im Gruppenunterricht mit Kindern im Grundschulalter, ist die instrumentalpädagogische Lehrkraft auf zeitgemäßes Unterrichtsmaterial angewiesen.
In diesem Band sind neue, einfache Musikstücke und Songs enthalten, die sich im Rahmen eines Musikschul- /Allgemeinschulprojektes und im späteren regulären Folgeunterricht an Musikschulen über Jahre bewährt haben.
Ich freue mich, meine Musik und Erfahrungen an Sie weitergeben zu können und verbleibe mit musikalischen Grüßen,

Ihr

Lutz Schäfer

1. Auswendigspiel, Musik auf leeren Gitarrensaiten

Das erste Kapitel enthält sehr einfache Rituale. Das „Begreifen" der Gitarre und die „Rhythmisierung" der Schüler bilden den Anfang. Diverse einfache Melodien zum Spielen und Mitsingen auf den Leersaiten folgen.

Für gutes Zusammenspiel der jungen Musiker im Gruppenunterricht sind Rhythmuspatterns ein Wundermittel. Percussionstücke mit und ohne Gitarre gehören immer zum Unterrichtsbeginn.

„Wann spielen wir endlich richtig Gitarre…?"
Das erste Gitarrensolo kommt in dem Song „Die Gitarre" nach acht Takten.
Einfach nur nach Akkordsymbolen kreativ zu begleiten, dürfte für heutige Gitarrist*innen eine entspannende Freude sein. Man „klebt" nicht am Notenblatt und kann die Gitarrengruppe variabel unterstützen.

Kinder finden den gemeinsamen, vollen Sound toll und lernen dabei das Gefühl des Gruppenmusizierens kennen. Der nächste Vorspielabend kann kommen!

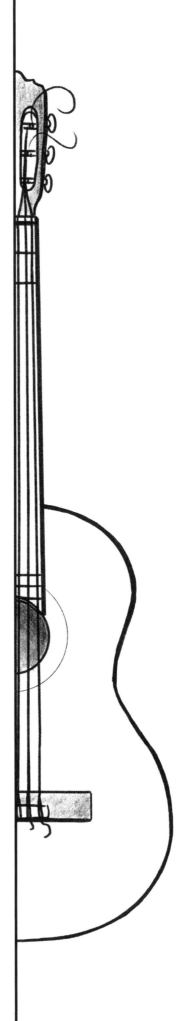

2. Tabulatur, Auswendigspiel, Noten, die linke Hand

Die Stücke dieses Kapitels liegen in Tabulatur und Notenform vor.
Die Nutzung der Tabulatur ist für mich schon lange kein Exkurs mehr, sondern Alltag im Gitarrenunterricht. Kinder der ersten, zweiten und dritten Grundschulklassen kennen alle die natürlichen Zahlen. Die Fähigkeit Bünde auf einer Saite abzuzählen, kann der Instrumentalpädagoge nutzen und ohne Noten musizieren lassen. Die Kids greifen bis zum 12. Bund und die Lehrkraft spielt die unterstützende Akkordbegleitung.

Unsere „Vorspiel-Hits" sind bis heute die beiden zweistimmigen Kinder-Sambas. Diese Melodien lernt man schnell auswendig. Das Musik- und Klangerlebnis jeder Variation dauert mehrere Minuten.
Die jungen Gitarrist*innen greifen die Töne mit dem Mittel- oder Zeigefinger.
Frühes Lagenspiel auf einer Gitarrensaite unter Verwendung simpler Tabulaturen bringt schon nach kurzer Zeit tolle musikalische Ergebnisse. Vor allem im Gruppenunterricht mit bis zu zehn Kindern ist dies eine hilfreiche Erleichterung.

Die Kinder erkunden selbstständig das Griffbrett. Sie merken sich schnell die Position der Bünde auf der Gitarrensaite und haben dann eine Melodie erarbeitet.
Das Gelernte auf die nächste Saite zu übertragen geht dann schnell.
Die Kids singen oft die Zahlen fröhlich wie einen Text. Bitte das Vorsingen nicht vergessen.

Schon in derselben Unterrichtsstunde spielen sie die rhythmisch sehr einfachen Melodiesequenzen auswendig.

Die Stücke in diesem Kapitel sind zwar simpel, aber zeitlich so lang, dass die Schülerinnen und Schüler minutenlang beschäftigt sind. Das fördert Konzentration und Kondition.
Ein weiterer Vorteil ist, dass die Gitarrengruppen in der Stunde und auf dem Konzert ohne Noten alles aus dem Kopf spielen können.

3. Spielen nach Noten

Melodiespiel nach Noten im Stütz- und Wechselschlag in der ersten Lage.
Stücke wie der Bagger Boogie werden natürlich mit dem Daumen angeschlagen.
Bekannte und neue Musikstücke stehen in diesem Teil in einer weiterführenden
und ergänzenden Auswahl zur Verfügung.
Die Instrumentallehrkraft sollte immer
ihr Instrument im Unterricht dabeihaben und mit den Schülerinnen und Schülern gemeinsam Musik machen.
Das macht Spaß und klingt gut. Man sollte immer daran denken, dass Kinder ein Vorbild brauchen. Musik wird für die Jüngsten durch die aktiv musizierende Lehrkraft hörbar und sichtbar.
Es ist ein unvergessliches Primärerlebnis in unmittelbarer Nähe eines gerade spielenden Musikers zu sitzen!

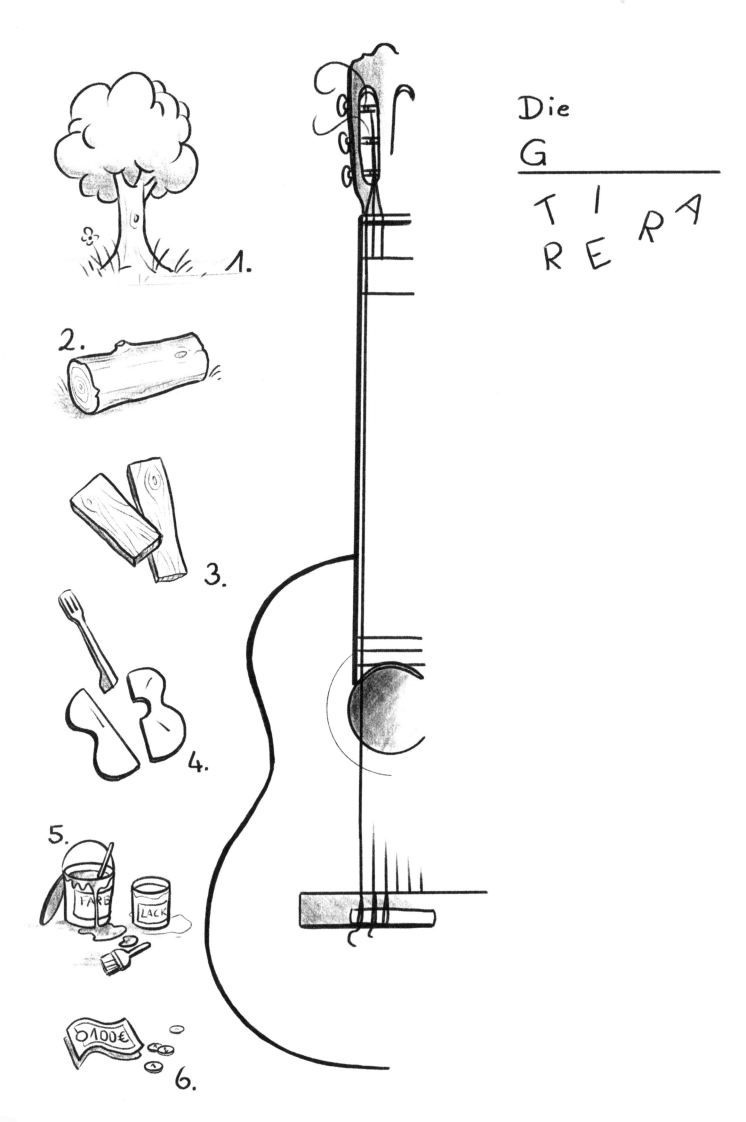

Wir begreifen unsere Gitarre
Übung

Lehrer sagt:
„Bitte macht mir jetzt alles nach!"

Drehung

„Der Fahrstuhl fährt nach oben und wir nehmen unsere kleine Dicke in den Arm!"

„Der Fahrstuhl fährt nach unten. Die Gitarre steht auf den Fußspitzen!"

„Der Fahrstuhl fährt wieder hoch. Jetzt kitzeln wir die Kleine etwas durch."

Alle zusammen: „Bei Opa auf dem Flur steht eine alte Uhr!"
Tik tak tik tak (Schnalzen)

Rhythmus auf dem Rücken der Gitarre

Lutz Schäfer 2020

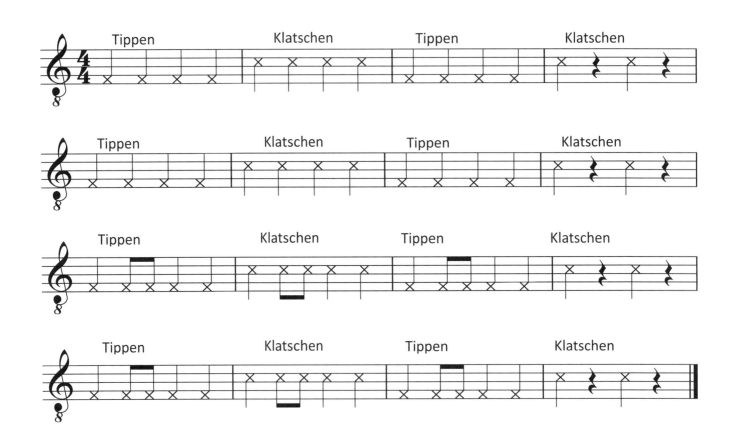

Rhythmus im Stehen

Lutz Schäfer 2020

𝄽 Tippen (leise)

× Klatschen (laut)

Klatschen　　　　Tippen

1.

Auswendigspiel
•
Musik auf leeren Gitarrensaiten

Die Gitarrensaiten

Ein Anfänger Der Gitarre Hat Erfolg !

Mit Musik fängt alles an

Lutz Schäfer 2020

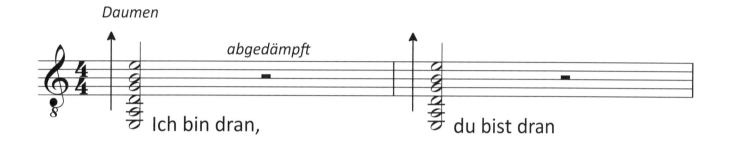

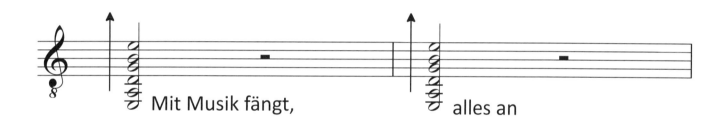

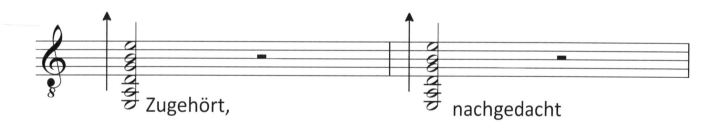

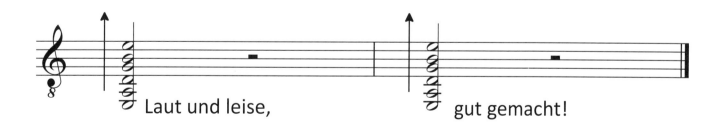

Elefantendame Gaby

Lutz Schäfer 2020

Schau sie trägt ein rot - es Tuch

E - le - fant ist ihr Be - ruf

Ga - by ja das ist der Na - me

Von der E - le - fan - ten da - me

Schau sie trägt ein rot-es Tuch

E - le - fant ist ihr Be - ruf

Mit dem Rüs-sel schlürft sie Brau-se

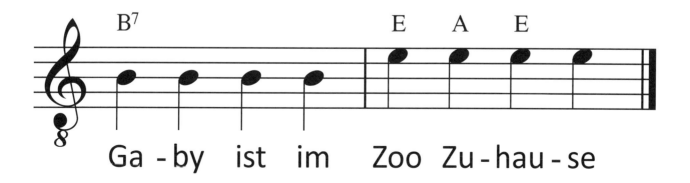

Ga - by ist im Zoo Zu - hau - se

Ratzeputz

Lutz Schäfer 2020

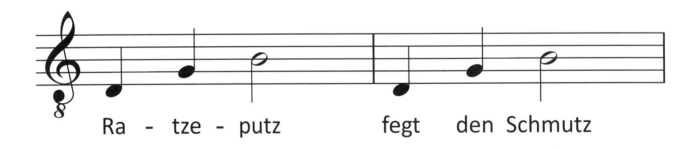

Ra - tze Putz Putz macht viel Schmutz Schmutz

Be - sen her her ist nicht schwer schwer

Ra - tze - Putz - Putz fegt den Schmutz Schmutz

Ab da - für - für durch die Tür Tür

Eierbauer Krause

Lutz Schäfer 2020

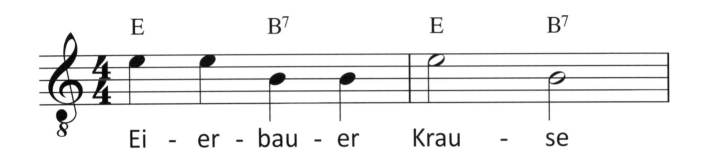
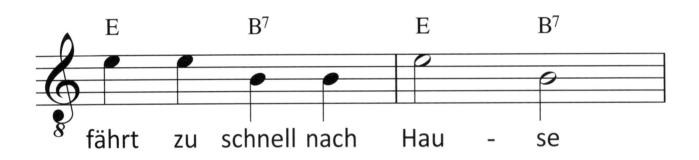
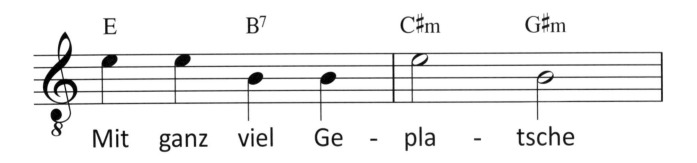
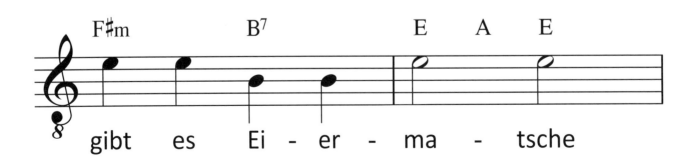

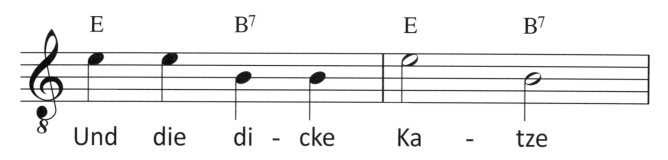

Und die di - cke Ka - tze

schlürft die Ei - er - ma - tsche

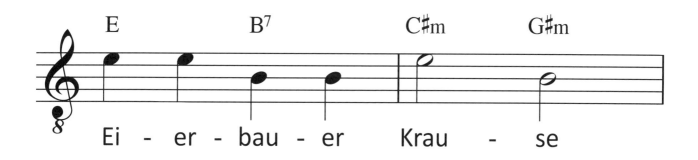

Ei - er - bau - er Krau - se

sitzt ge - nervt zu Hau - se

Segelschiffchen

Lutz Schäfer 2020

Weihnachtssterne

Lutz Schäfer 2020

Weih-nachts-ster - ne in der Fer - ne
Die - ses Leuch - ten seh ich ger - ne
Vie - le Men-schen in der Fer - ne
Seh - en ger - ne Weih-nachts-ster - ne

Piratenmelodie

Lutz Schäfer 2020

1. Ja - kob Spatz heißt   der   Pi - rat
2. Ja - kob Spatz ruft   laut: "Ver - rat!"

sein Schiff "Schwar - ze   Per - le"
Al - le   Män - ner   schla - fen

Sei - ne Mann - schaft die ist stark,
"Ei - ne Rat - te   ist an   Bord!"

lau - ter wil - de Ker - le
"Jagd sie in den Ha - fen!"

2.

Tabulatur

•

Auswendigspiel

•

Noten

•

Die linke Hand

Schiebkarren Rock

Track 9

Lutz Schäfer 2020

```
    A         C         A         C
T|--------|---------|---------|---------|
A|4/4     |         |         |         |
B|--0--0--3----3----|-0---0---3----3----|
```
Kar - re   schie - ben   muss man   ü - ben

```
    D         F         D         F
T|--------|---------|---------|---------|
A|--0--0--3----3----|-0---0---3----3----|
B|        |         |         |         |
```
Nach zwei Ta - gen   kann man's wa - gen

```
    A         C         A         C
T|--------|---------|---------|---------|
A|        |         |         |         |
B|--0--0--3----3----|-0---0---3----3----|
```
Kar - re   schie - ben   muss man   ü - ben

```
    E         G         E         G
T|--------|---------|---------|---------|
A|        |         |         |         |
B|--0--0--3----3----|-0---0---3----3----|
```
Nach zwei Ta - gen   kann man's wa - gen

```
    A         C         A
T|--------|---------|---------||
A|        |         |         ||
B|--0--0--3----3----|-0-------||
```
Nach zwei Ta - gen   läuft's

Schiebkarren Rock

Lutz Schäfer 2020

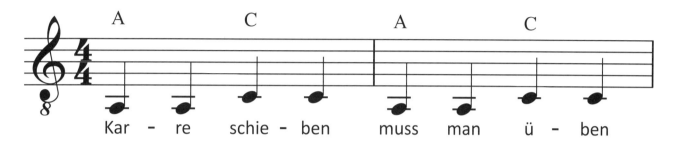
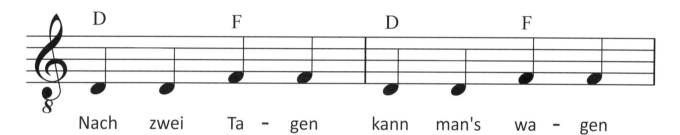
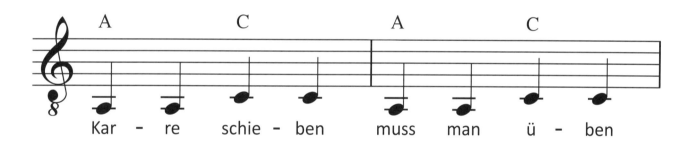
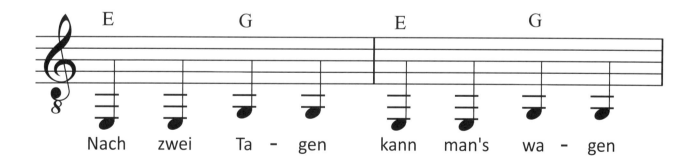
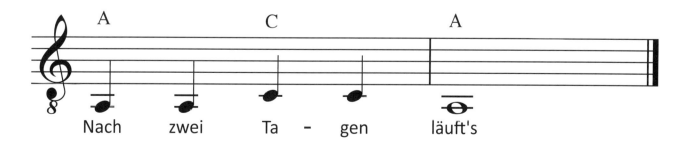

Helikopter Übung

Lutz Schäfer 2020

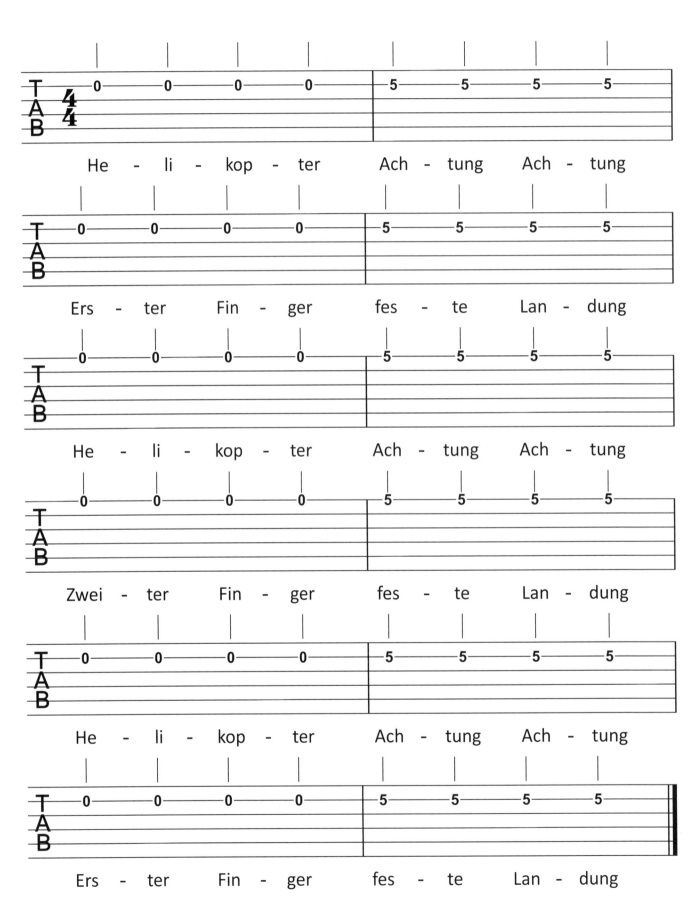

Helikopter Übung

Lutz Schäfer 2020

Bagger Boogie

Lutz Schäfer 2020

Track 11

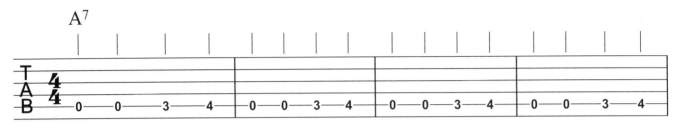

Mor-gens kommt der   Bo - do mit dem   Bag-ger und er   baggert dann ein

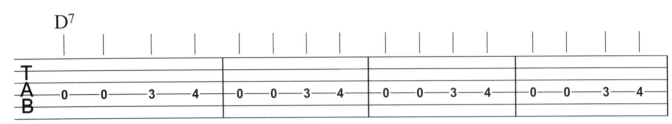

Mor-gens kommt der   Bo - do mit dem   Bag-ger und er   bag-gert dann ein

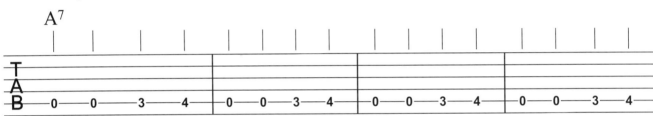

Mor-gens kommt der   Bo - do mit dem   Bag-ger und er   bag-gert dann ein

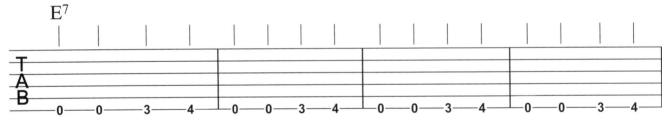

Mor-gens kommt der   Bo - do mit dem   Bag-ger und er   bag-gert dann ein

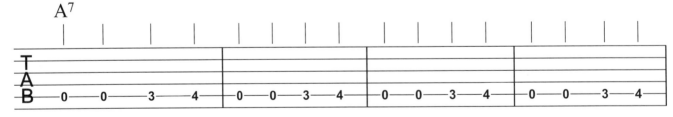

Mor-gens kommt der   Bo - do mit dem   Bag-ger und er   bag-gert dann ein

Loch!

Bagger Boogie

Lutz Schäfer 2020

Mor-gens kommt der Bo-do mit dem Bag-ger und er bag-gert dann ein

Mor-gens kommt der Bo-do mit dem Bag-ger und er bag-gert dann ein

Mor-gens kommt der Bo-do mit dem Bag-ger und er bag-gert dann ein

Mor-gens kommt der Bo-do mit dem Bag-ger und er bag-gert dann ein

Mor-gens kommt der Bo-do mit dem Bag ger und er bag-gert dann ein

Loch!

Rocker Ede

Lutz Schäfer 2020

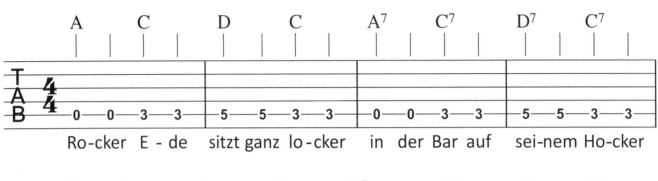

Rocker Ede sitzt ganz locker in der Bar auf seinem Hocker

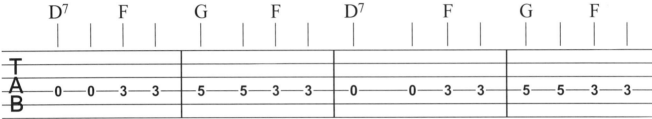

Rocker Ede trinkt ganz locker Schnaps und Bier auf seinem Hocker

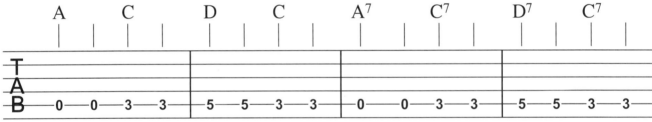

Rocker Ede wackelt locker Nachts um zwei auf seinem Hocker

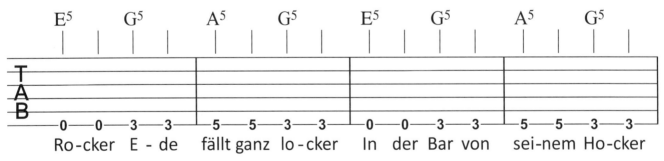

Rocker Ede fällt ganz locker In der Bar von seinem Hocker

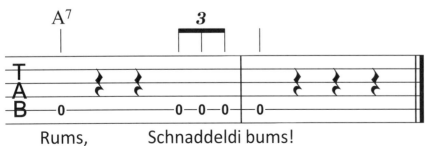

Rums, Schnaddeldi bums!

Rocker Ede

Lutz Schäfer 2020

Ro-cker E - de sitzt ganz lo-cker in der Bar auf sei-nem Ho-cker

Ro-cker E - de trinkt ganz lo-cker Schnaps und Bier auf sei-nem Ho-cker

Ro-cker E - de wa-ckelt lo-cker Nachts um zwei auf sei-nem Ho-cker

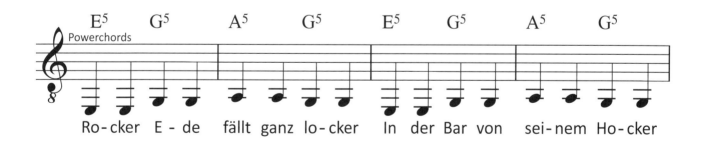
Ro-cker E - de fällt ganz lo-cker In der Bar von sei-nem Ho-cker

Rums, Schnad-del-di bums!

Papa Joe baut ein Klo

Lutz Schäfer 2020

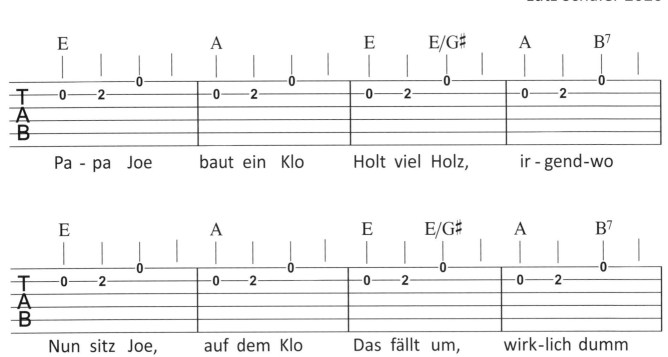

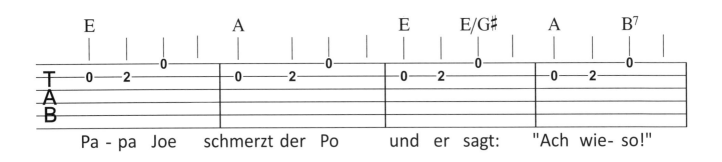

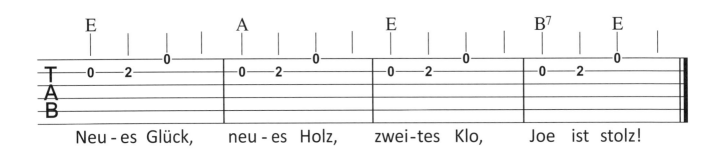

Papa Joe baut ein Klo

Lutz Schäfer 2020

Pa-pa Joe baut ein Klo Holt viel Holz, ir-gend-wo

Nun sitz Joe, auf dem Klo Das fällt um, wirk-lich dumm

Pa-pa Joe schmerzt der Po und er sagt: "Ach wie-so!"

Neu-es Glück, neu-es Holz, zwei-tes Klo, Joe ist stolz!

Gitarren-Hit Nr. 1

Lutz Schäfer 2020

Track 14

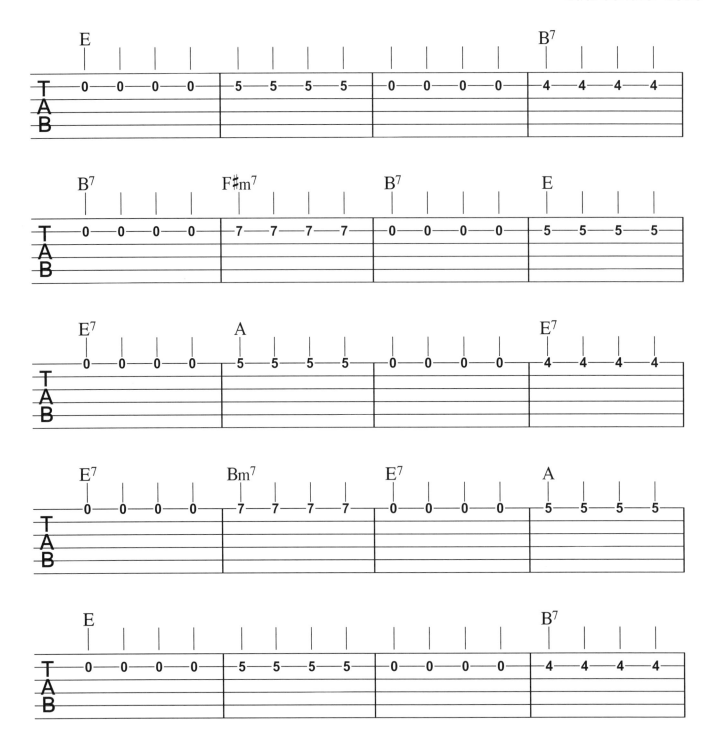

Gitarren-Hit Nr. 1

Lutz Schäfer 2020

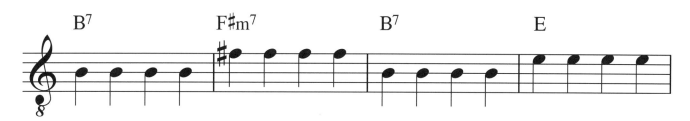

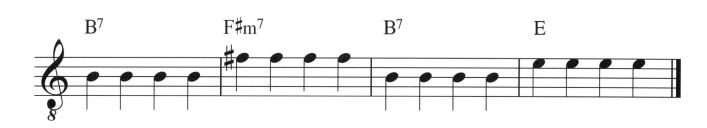

Gitarren-Hit Nr. 2

 Track 15

Lutz Schäfer 2020

```
E                    |                    | B7                  |                    |
-5--5--5--5----------|-0--0--0--0---------|-4--4--4--4----------|-0--0--0--0---------|

B7                   |                    | E         A         | E                  |
-7--7--7--7----------|-0--0--0--0---------|-5--5--5--5----------|-5------------------|

A                    |                    | E7                  |                    |
-5--5--5--5----------|-0--0--0--0---------|-4--4--4--4----------|-0--0--0--0---------|

E7                   |                    | A         D         | A                  |
-7--7--7--7----------|-0--0--0--0---------|-5--5--5--5----------|-5------------------|

E                    |                    | B7                  |                    |
-5--5--5--5----------|-0--0--0--0---------|-4--4--4--4----------|-0--0--0--0---------|

B7                   |                    | E         A         | E                  |
-7--7--7--7----------|-0--0--0--0---------|-5--5--5--5----------|-5------------------|
```

Gitarren-Hit Nr. 2

Lutz Schäfer 2020

Spaßhüpfer

Lutz Schäfer 2020

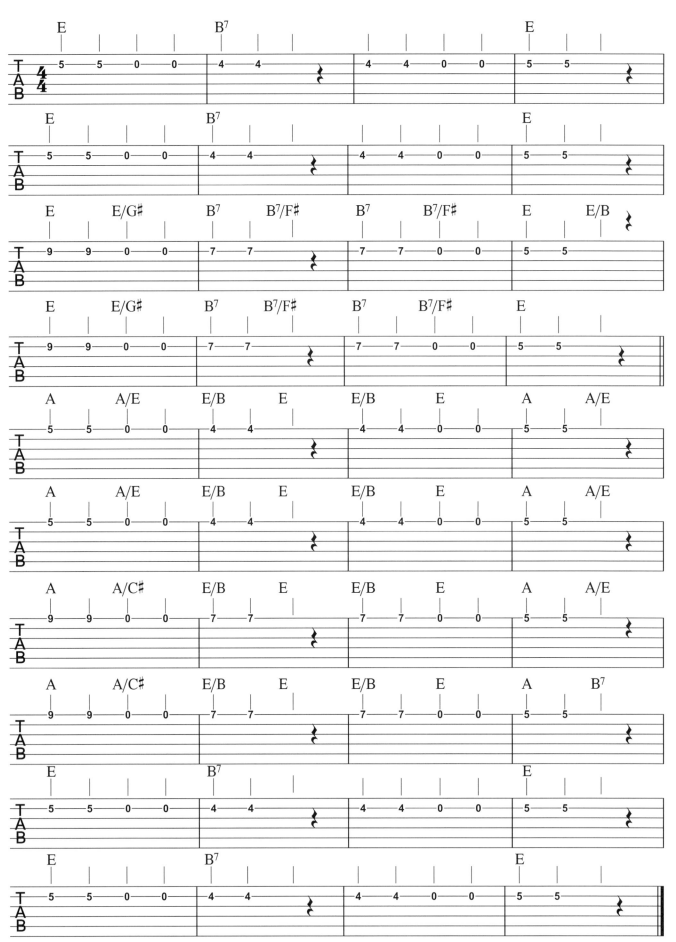

Spaßhüpfer

Lutz Schäfer 2020

Kiddy Swing

Lutz Schäfer 2017

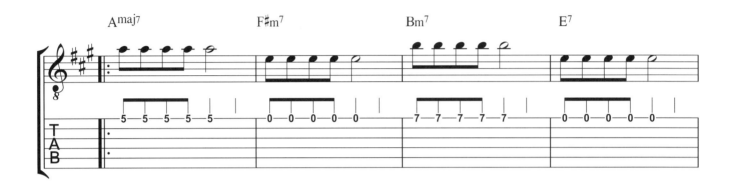
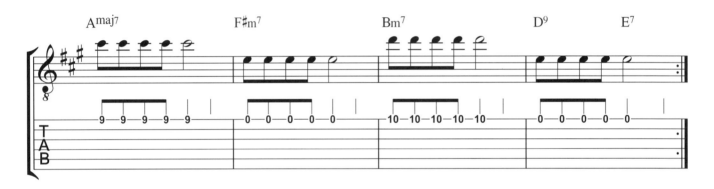
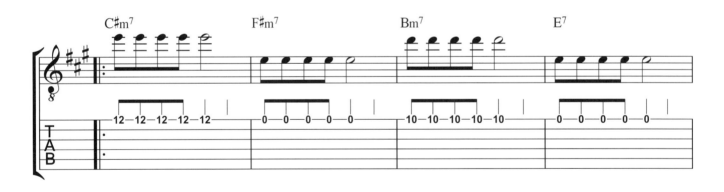
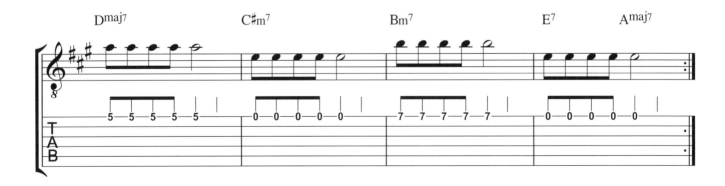

Polizei Blues

Lutz Schäfer 2020

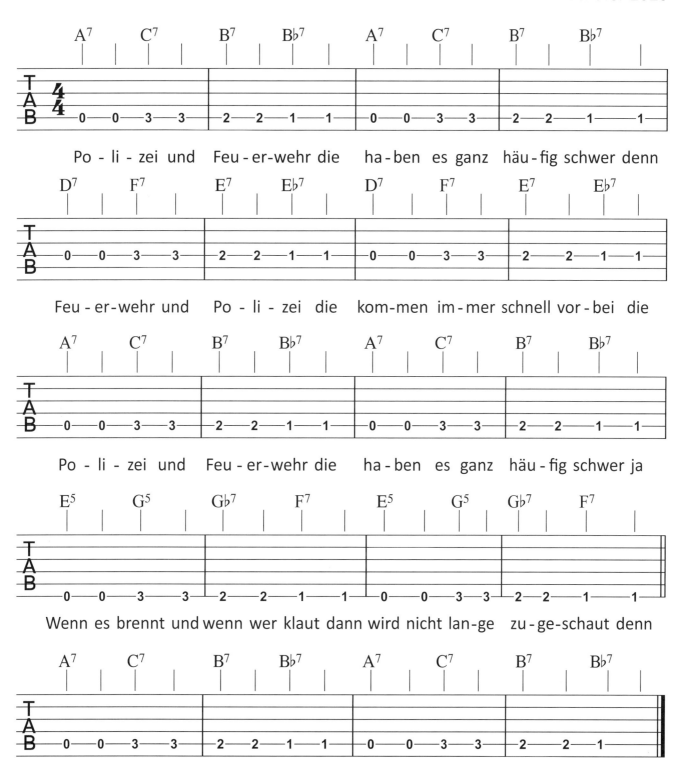

Kinder-Samba 1
1. Stimme

Lutz Schäfer 2015

Kinder-Samba 1

2. Stimme

Lutz Schäfer 2015

Kinder-Samba 1

1. Stimme

Lutz Schäfer 2015

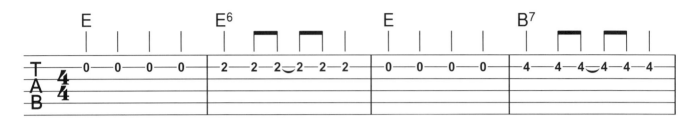
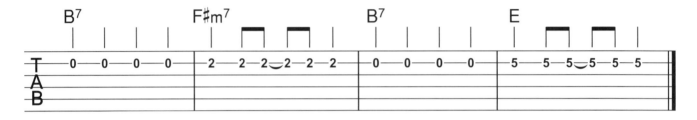
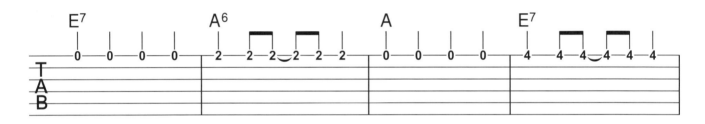
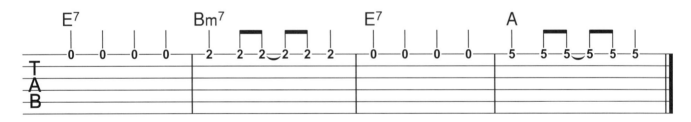
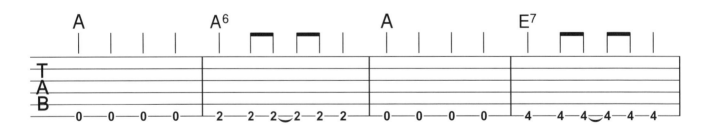
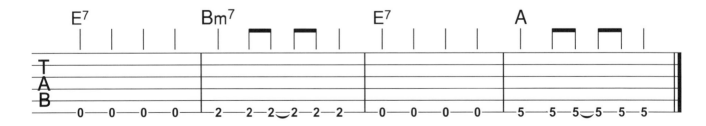

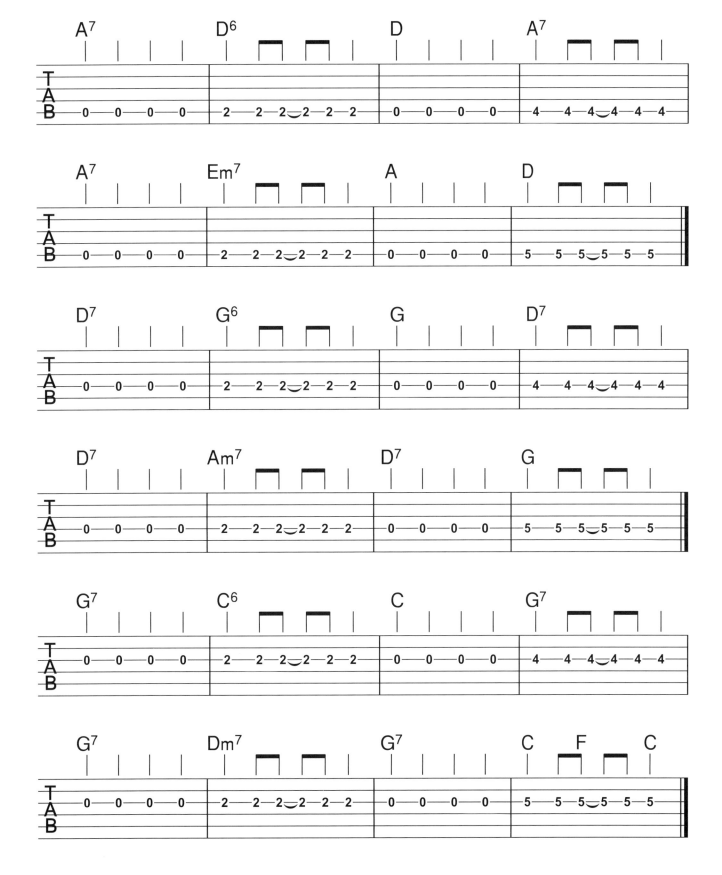

Kinder-Samba 1

2. Stimme

Lutz Schäfer 2015

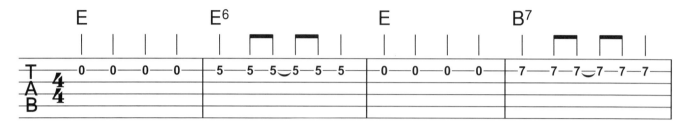
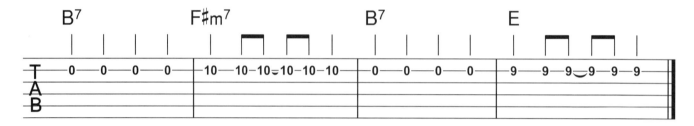
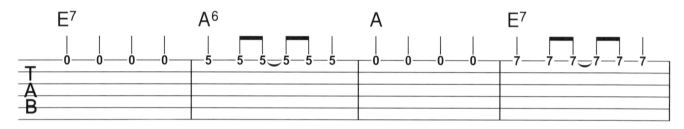
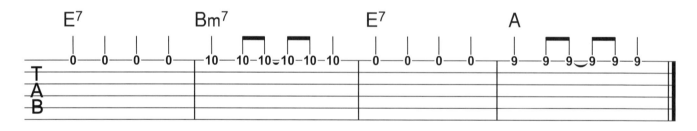
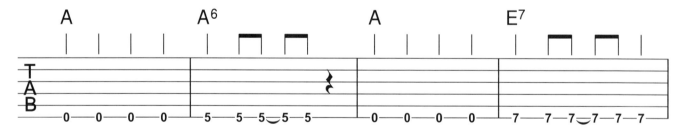
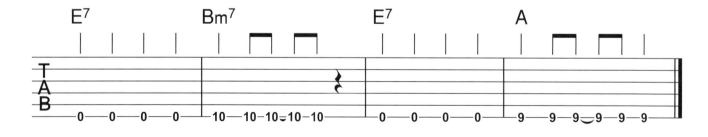

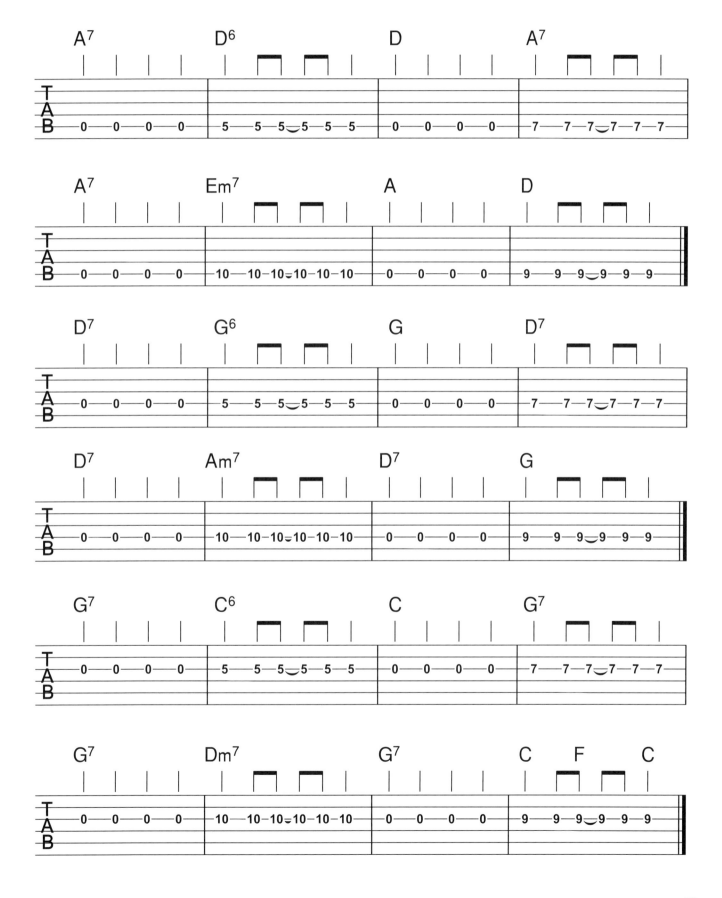

Track 20

Kinder-Samba 2
1. Stimme

Lutz Schäfer 2015

Kinder-Samba 2

2. Stimme

Lutz Schäfer 2015

Kinder-Samba 2

1. Stimme

Lutz Schäfer 2015

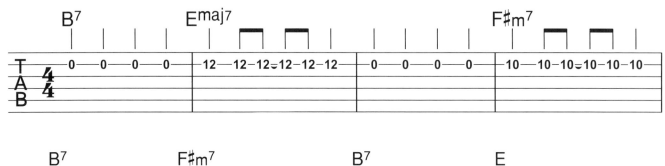
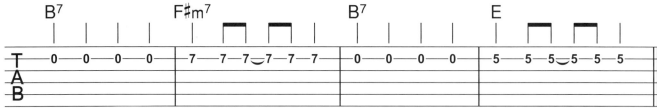
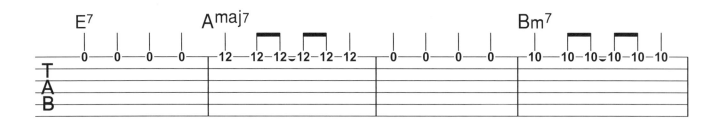
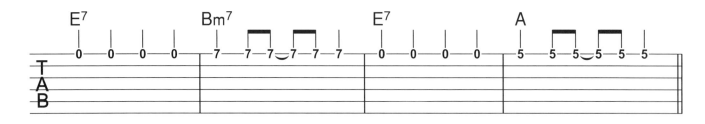
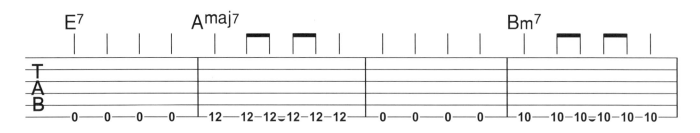
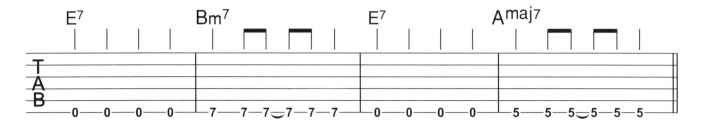

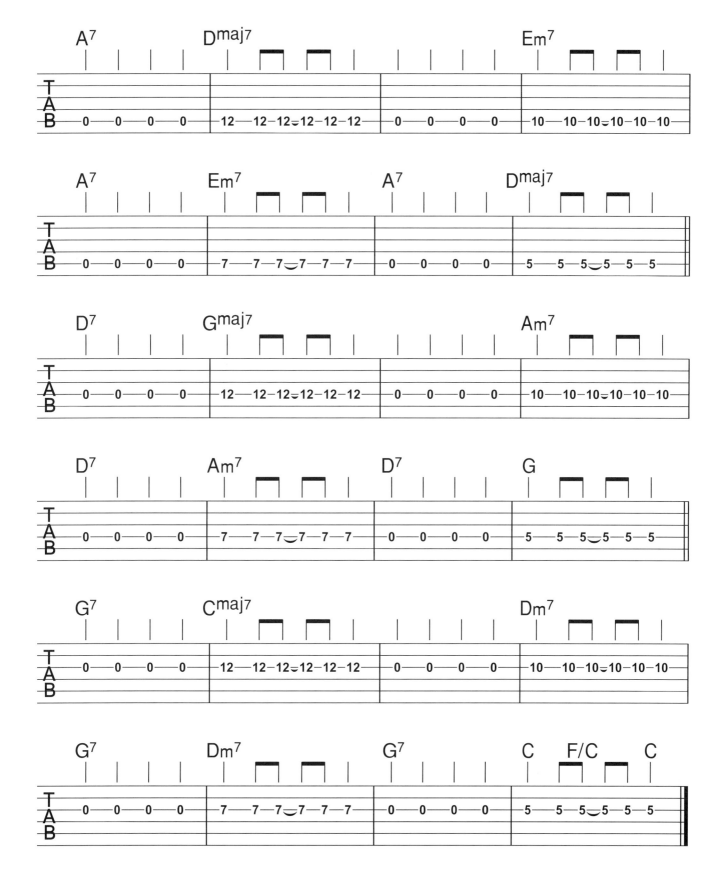

Kinder-Samba 2

2. Stimme

Lutz Schäfer 2015

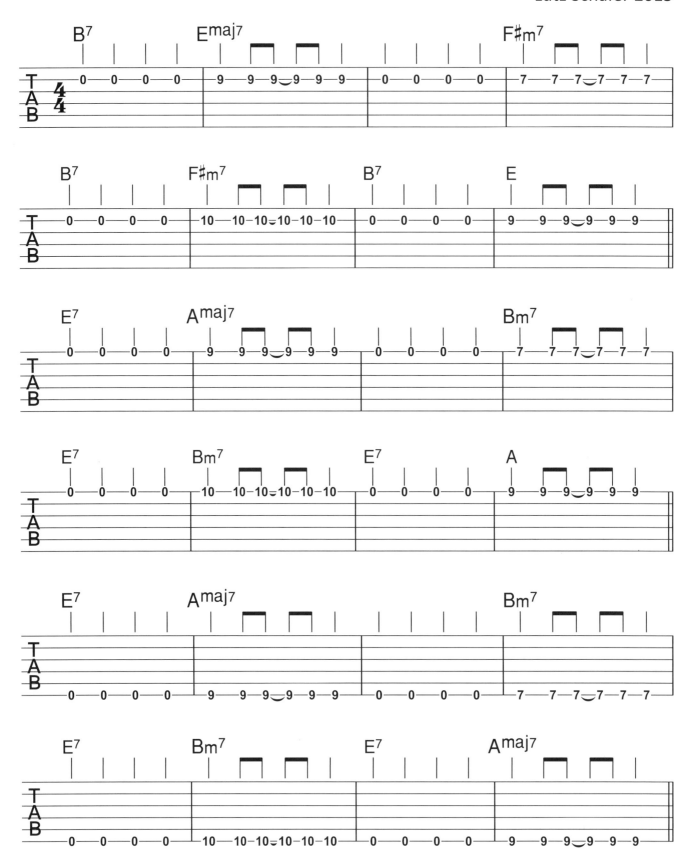

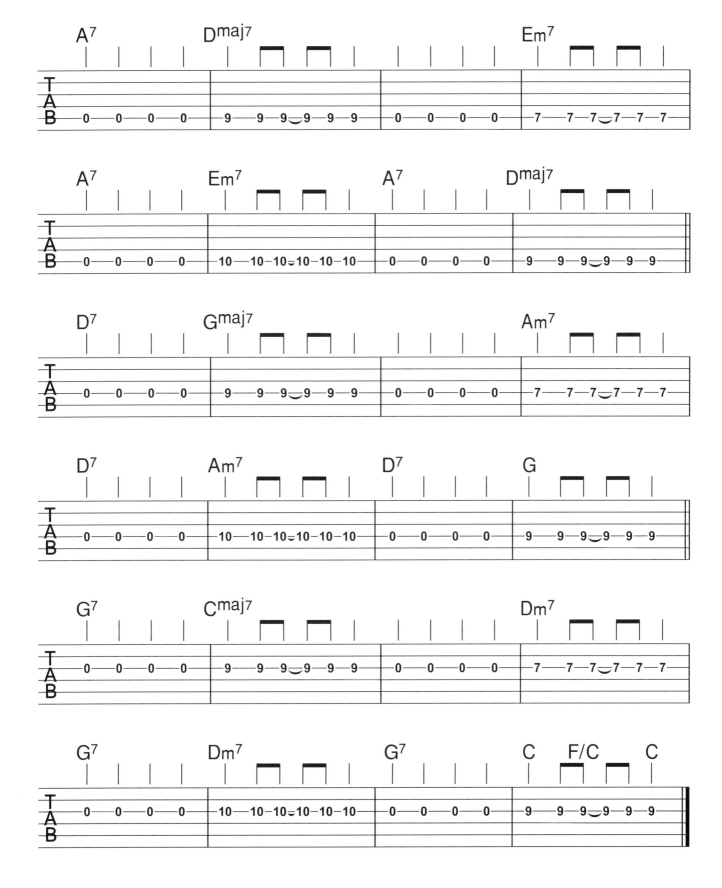

Morgen kommt der Weihnachtsmann

Auf einer Saite

Trad.

```
TAB 4/4
|--0--0--7--7--|--9--9--7--|
|--5--5--4--4--|--2--0--|
|--7--7--5--5--|--4--4--2--|
|--7--7--5--5--|--4--4--2--|
|--0--0--7--7--|--9--9--7--|
|--5--5--4--4--|--2--0--|
```

Morgen kommt der Weihnachtsmann

Trad.

Der Grashüpfer

Trad. Russland
arr. Schäfer

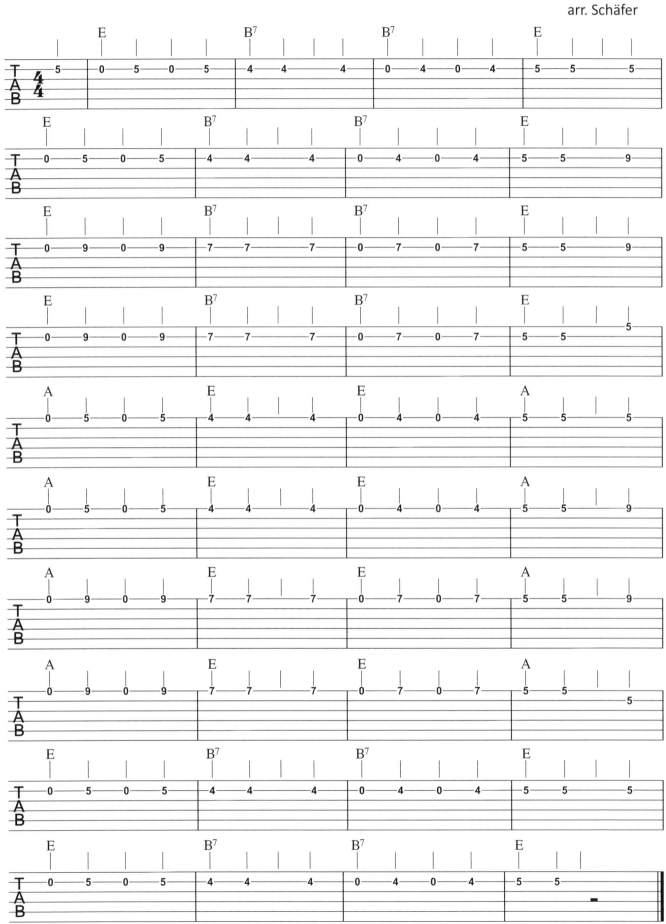

Der Grashüpfer

Trad. Russland
arr. Schäfer

Summer Song

H-Saite/E-Dur

Lutz Schäfer 2020

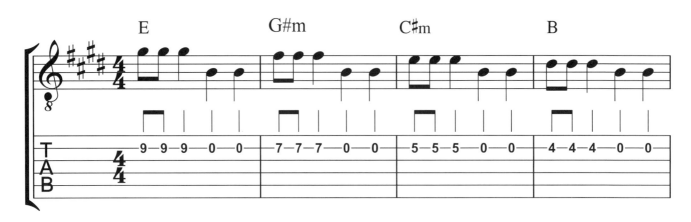
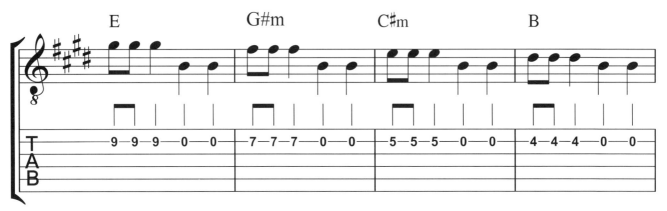
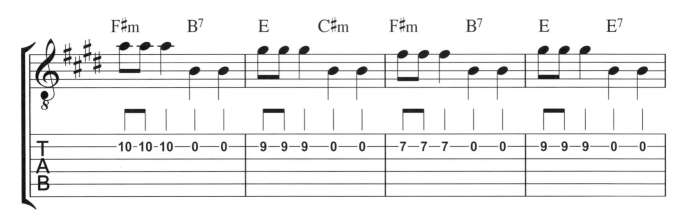
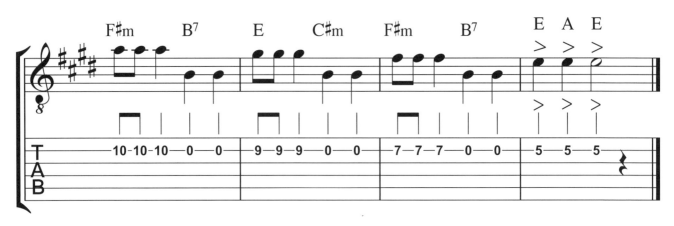

Summer Song

E-Saite / A-Dur

Lutz Schäfer 2020

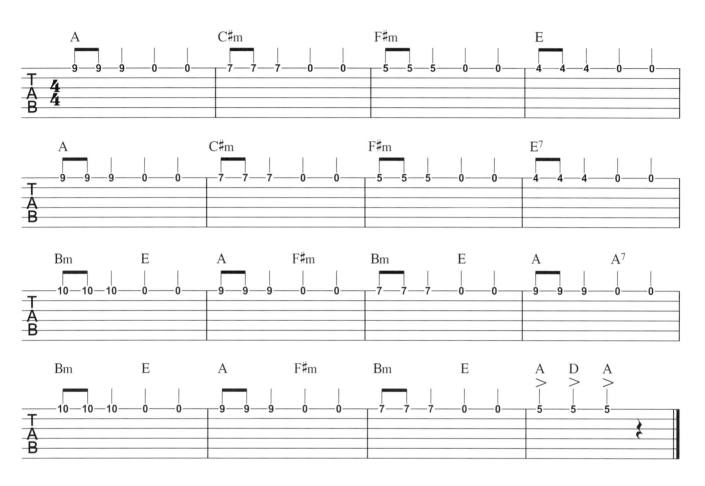

3.

Spielen nach Noten

Anton kneift

Lutz Schäfer 2020

An-ton ist Gän-se-rich, hat kei-ne Ruh

Mit sei-nem Schna-bel da kneift er gern zu.

Endlich Ferien

Lutz Schäfer 2020

End - lich sind bald Fe - ri - en

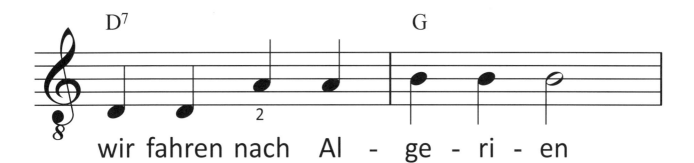

wir fahren nach Al - ge - ri - en

Le - cker Es - sen, Eis am Stiel

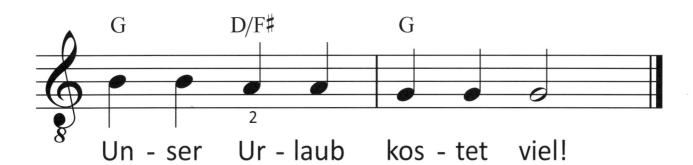

Un - ser Ur - laub kos - tet viel!

Dritter Bund, es geht rund

Lutz Schäfer 2020

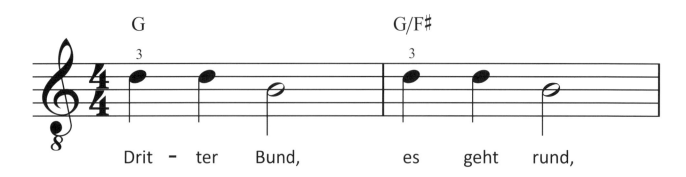
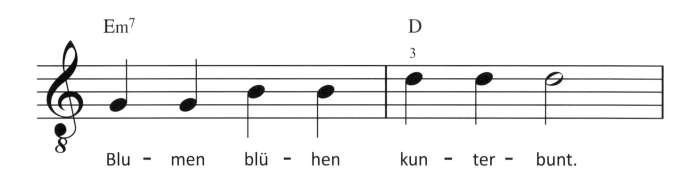

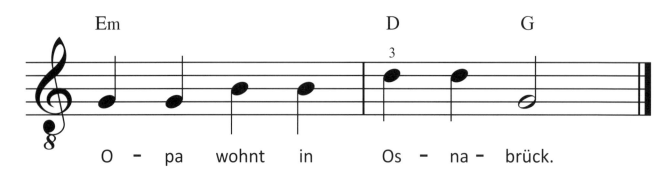

Gitarrenmelodie

Lutz Schäfer 2020

Ich spiel gern Gi - tar - re und das
Mit Mu - sik da hat man's gut in

klingt dann rich - tig pri - ma
die - sem hei - ßen Kli - ma

Ja ich zu - pfe je - den Ton und
Ich freu mich auf nach - mit - tags, weil

das mit ganz viel Lie - be
ich dann im - mer ü - be

Fang gut an!

Lutz Schäfer 2020

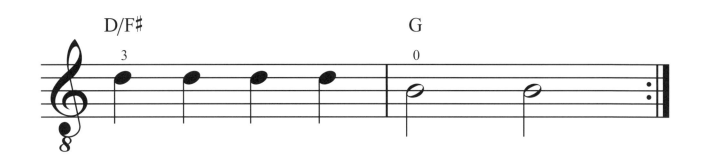
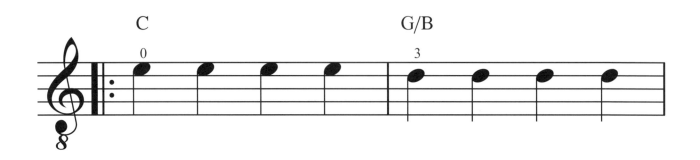
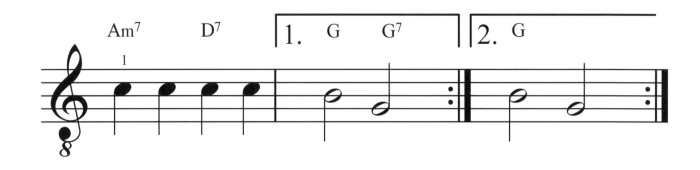

Stille, Stille, kein Geräusch

Trad.

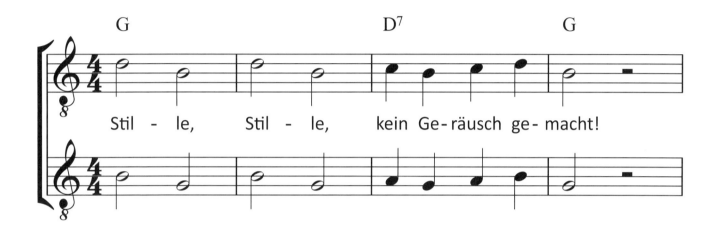

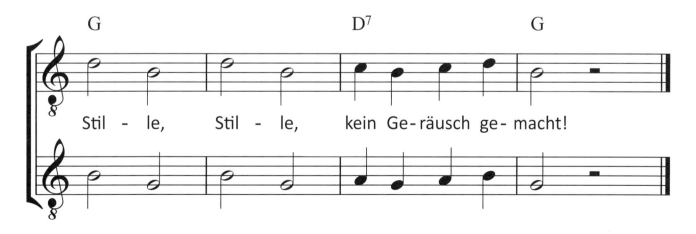

Auf der dünnen E-Saite

Track 30

Lutz Schäfer 2020

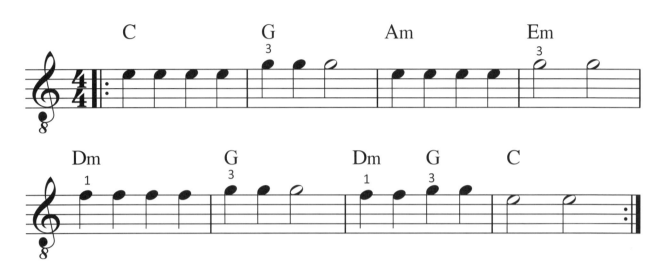

Warm-Up
Aufwärmübung

Track 3

Lutz Schäfer 2020

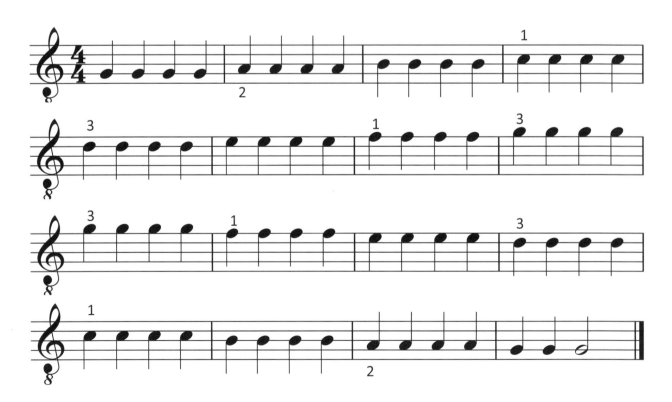

Bambuswald

Lutz Schäfer 2020

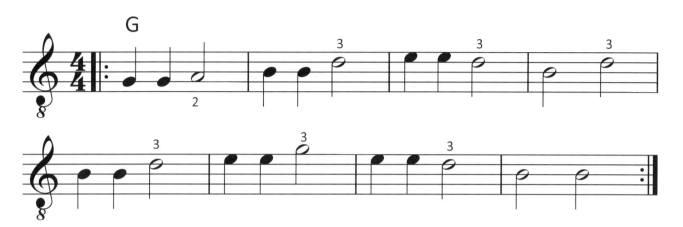

Auf der Mauer, auf der Lauer

Trad.

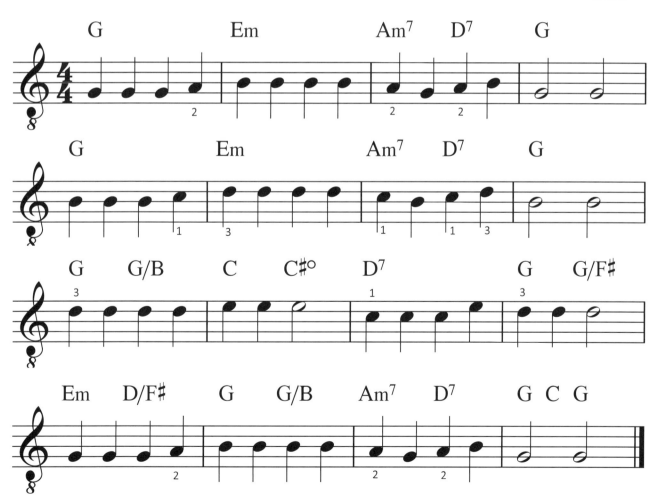

Der Mond ist aufgegangen

J. A. P. Schulz

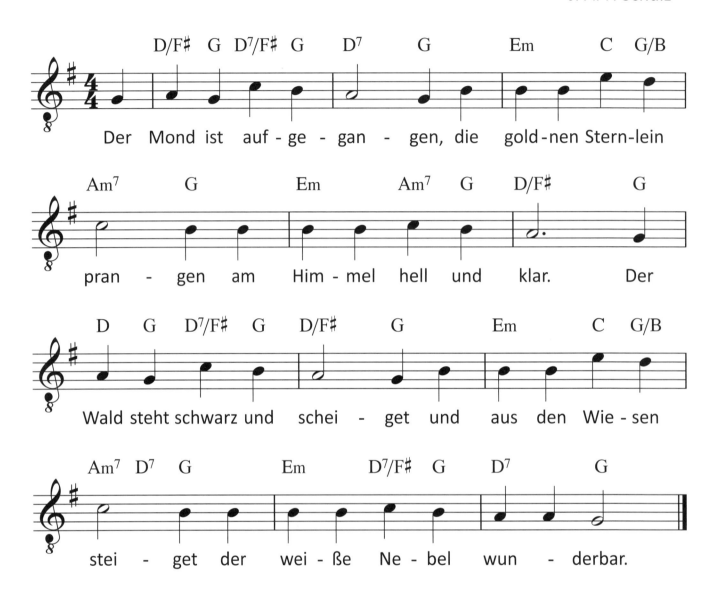

Freude schöner Götterfunken

L. v. Beethoven

Wir können fast alles!

Lutz Schäfer

Drachenflügel

Lutz Schäfer 2020

Bruder Jakob

Trad.

1. Stimme

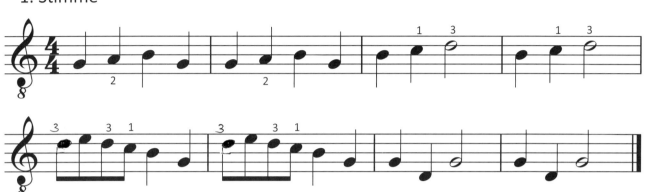

Schwester Jakob

2. Stimme

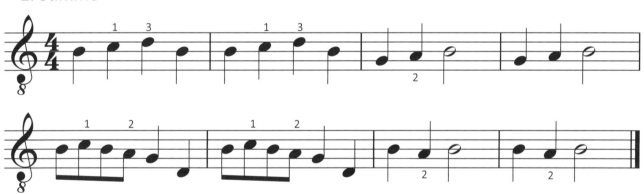

Opa Jakob

3. Stimme

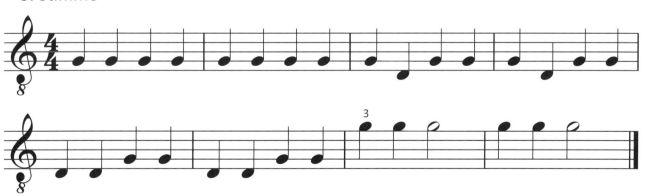

Gavotte

Michael Praetorius 1612

Gavotte
Bassstimme

Tanz

Tielman Susato 1540

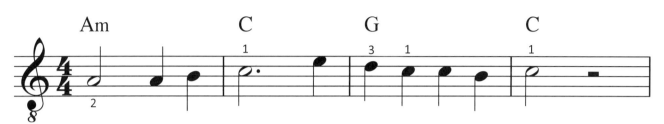

Schiarazula Marazula

Giorgio Mainerio 1535

Ungarescha

Giorgio Mainerio

Ihr Kinderlein kommet

J. A. P. Schulz

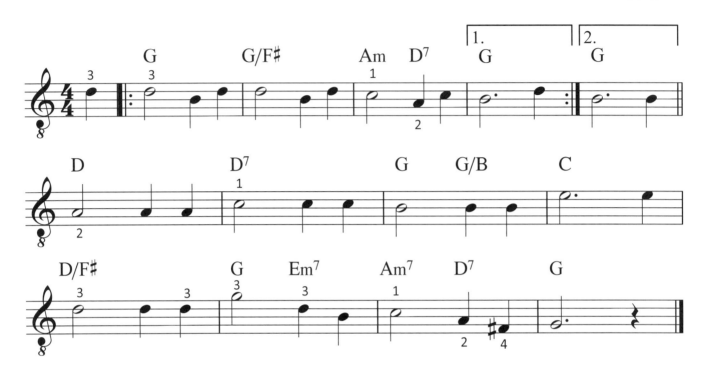

Zum Geburtstag viel Glück

Zum Ge-burts-tag viel Glück. Zum Ge-burts-tag viel Glück. Zum Ge-

burts-tag lie-be O-ma. Zum Ge-burts-tag viel Glück.

Weepie Halloween

1. Stimme

Lutz Schäfer 2019

2. Stimme

Fröhliche Lola

 Track 4

Lutz Schäfer 2020

Traurige Lily

 Track 4

Lutz Schäfer 2020

Pamplona

Lutz Schäfer 2018

Gitarrenstunde (Band 1) - CD Titelliste

1. Mit Musik fängt alles an
2. Die Gitarre
3. Elefantendame Gaby
4. Ratzeputz
5. Eierbauer Krause
6. Segelschiffchen
7. Weihnachtssterne
8. Piratenmelodie
9. Schiebkarren Rock
10. Helikopter Übung
11. Bagger Boogie
12. Rocker Ede
13. Papa Joe baut ein Klo
14. Gitarren-Hit Nr.1
15. Gitarren-Hit Nr. 2
16. Spaßhüpfer
17. Kiddy Swing
18. Polizei Blues
19. Kinder-Samba 1
20. Kinder-Samba 2
21. Morgen kommt der Weihnachtsmann | Trad.
22. Der Grashüpfer
23. Summer Song
24. Anton kneift
25. Endlich Ferien
26. Dritter Bund, es geht rund
27. Gitarrenmelodie
28. Fang gut an
29. Stille, Stille, kein Geräusch gemacht | Trad.
30. Auf der dünnen E-Saite
31. Warm-up
32. Bambuswald
33. Auf der Mauer, auf der Lauer | Trad.
34. Der Mond ist aufgegangen | J.A.P. Schulz
35. Freude schöner Götterfunken | L. v. Beethoven
36. Wir können fast alles
37. Drachenflügel
38. Bruder Jakob, Schwester Jakob, Opa Jakob Kanon
39. Gavotte | Michael Praetorius
40. Tanz - Tielman Susato
41. Schiarazula Marazula | Giorgio Mainerio
42. Ungarescha | Giorgio Mainerio
43. Ihr Kinderlein kommet | Trad.
44. Zum Geburtstag viel Glück | Trad.
45. Weepie Halloween
46. Fröhliche Lola
47. Traurige Lily
48. Pamplona